BEI GRIN MACHT SICH IHR WISSEN BEZAHLT

- Wir veröffentlichen Ihre Hausarbeit,
  Bachelor- und Masterarbeit

- Ihr eigenes eBook und Buch -
  weltweit in allen wichtigen Shops

- Verdienen Sie an jedem Verkauf

Jetzt bei www.GRIN.com hochladen und kostenlos publizieren

Bibliografische Information der Deutschen Nationalbibliothek:

Die Deutsche Bibliothek verzeichnet diese Publikation in der Deutschen National-
bibliografie; detaillierte bibliografische Daten sind im Internet über http://dnb.d-
nb.de/ abrufbar.

Dieses Werk sowie alle darin enthaltenen einzelnen Beiträge und Abbildungen
sind urheberrechtlich geschützt. Jede Verwertung, die nicht ausdrücklich vom
Urheberrechtsschutz zugelassen ist, bedarf der vorherigen Zustimmung des Verla-
ges. Das gilt insbesondere für Vervielfältigungen, Bearbeitungen, Übersetzungen,
Mikroverfilmungen, Auswertungen durch Datenbanken und für die Einspeicherung
und Verarbeitung in elektronische Systeme. Alle Rechte, auch die des auszugsweisen
Nachdrucks, der fotomechanischen Wiedergabe (einschließlich Mikrokopie) sowie
der Auswertung durch Datenbanken oder ähnliche Einrichtungen, vorbehalten.

Impressum:

Copyright © 2015 GRIN Verlag
Druck und Bindung: Books on Demand GmbH, Norderstedt Germany
ISBN: 9783668632806

Dieses Buch bei GRIN:

https://www.grin.com/document/412063

Irina Wolinski

Selbstwirksamkeitserwartung, gesundheitspsychologi-sche Handlungsfelder und das Beratungsgespräch

GRIN Verlag

GRIN - Your knowledge has value

Der GRIN Verlag publiziert seit 1998 wissenschaftliche Arbeiten von Studenten, Hochschullehrern und anderen Akademikern als eBook und gedrucktes Buch. Die Verlagswebsite www.grin.com ist die ideale Plattform zur Veröffentlichung von Hausarbeiten, Abschlussarbeiten, wissenschaftlichen Aufsätzen, Dissertationen und Fachbüchern.

Besuchen Sie uns im Internet:

http://www.grin.com/

http://www.facebook.com/grincom

http://www.twitter.com/grin_com

Inhaltsverzeichnis

1   Selbstwirksamkeitserwartung

1.1   Definition der „Selbstwirksamkeitserwartung" bzw. „Kompetenzerwartung"

Die Selbstwirksamkeitserwartung, auch Kompetenzerwartung genannt, wurde von dem Psychologen Bandura im Zusammenhang mit der sozialen Lerntheorie entwickelt. Sie ist eine „individuell unterschiedlich ausgeprägte Überzeugung" (Pieter, 2014, S. 135) eines Individuums, eine Leistung innerhalb einer bestimmten Situation erbringen zu können (Pieter, 2014, S. 135). Die subjektive Überzeugung stellt die eigenen Fähigkeiten dar, die zur Organisation und Ausführung zielgerichteter Handlungen notwendig werden. Es kann sich eine sowohl positive als auch negative Einstellung zu der eigenen Persönlichkeit und Handlungskompetenz darstellen. Diese Einstellung beeinflusst sowohl die Wahrnehmung und Motivation eines Individuums als auch seine Leistungsfähigkeit (Pieter, 2014, S. 135). Durch die Selbstwirksamkeit wird die Auswahl der Situationen beeinflusst, in die sich das Individuum begibt (Pieter, 2014, S. 139). Ein Mensch ist demnach erst dann in der Lage eine Handlung durchzuführen, wenn er das Gefühl hat, dass er das vorhandene Problem lösen kann. Weiterhin bestimmt sie über die Anstrengungsbereitschaft und die Ausdauer bei der Bewältigung von Aufgaben (Pieter, 2014, S. 140). Man geht davon aus, dass einmal vorhandene positive Erwartungen, auf neue Situationen angewendet werden können. Die Selbstwirksamkeit hängt von den täglichen Leistungen, von unseren Beobachtungen der Leistung anderer, von Überzeugungen, die wir von anderen übernommen oder selbst aufgebaut haben, und von der Beobachtung unserer emotionalen Zustände, während wir über eine Aufgabe nachdenken oder uns an eine Aufgabe heranwagen, ab (Pieter, 2014, S. 136).
Bandura definiert die Kompetenzerwartung ein weiteres Mal, in dem er drei weitere unterschiedliche Aspekte einbringt. Zuerst das Niveau, das sich auf die erlebte Schwierigkeit der Aufgabe bezieht. Der Allgemeinheitsgrad, der sich auf die Anzahl unterschiedlicher Situationen, in denen eine Person an ihre Kompetenzen glaubt. Und die Gewissheit, die definiert, inwieweit sich die Person ihrer Handlungskompetenz sicher ist (Pieter, 2014, S. 140).
Die Selbstwirksamkeitserwartung kann durch einen Fragebogen diagnostiziert werden (Pieter, 2014, S. 142).

1.2 Erarbeitung eines Fragebogens

Dieser Fragebogen bietet die Möglichkeit eine Aussage über die Selbstwirksamkeit eines Individuums in Bezug auf die sportliche Aktivität zu treffen, in dem die Person selbst eine persönliche Einschätzung über ihre eigenen Kompetenzen vornimmt.

Tab. 1: Fragebogen zur allgemeinen Selbstwirksamkeitserwartung (modifiziert nach Schwarzer & Jerusalem, 1999, S. 15)

Beurteilungskriterium (Punktwert)	Stimmt nicht (1)	Stimmt kaum (2)	Stimmt eher (3)	Stimmt genau (4)
Auch wenn ich nach der Arbeit müde bin, finde ich Mittel und Wege mich zum Sport zu motivieren				
Die konsequente Durchführung meines Trainingsplans gelingt mir immer, wenn ich mich darum bemühe.				
Es bereitet mir keine Schwierigkeiten, meine sportlichen Ziele zu verwirklichen.				
Während des Trainings weiß ich immer, wie ich mich verhalten muss.				
Auch wenn mein Training nicht planmäßig verläuft, versuche ich immer das Beste daraus zu machen.				
Schwierigkeiten während des Trainings sehe ich gelassen entgegen, weil ich meinen Fähigkeiten immer vertrauen kann.				
Was auch immer passiert, ich werde meine sportlichen Ziele verwirklichen können.				
Für jedes sportliche Problem kann ich eine Lösung finden.				
Wenn eine neue sportliche Aufgabe auf mich zukommt, weiß ich, wie ich damit umgehen kann.				
Wenn ein sportliches Problem auftaucht, kann ich es aus eigener Kraft meistern.				

3

Den Antwortmöglichkeiten werden Punktzahlen zugewiesen. Der Antwort „Stimmt nicht" wird die niedrigste Punktzahl, in Höhe eines Punktes, und der Antwortmöglichkeit „Stimmt genau" die höchste Punktzahl, in Höhe von vier Punkten, zugeordnet. Daraus ergibt sich, dass je höher das Gesamtergebnis der erreichten Punkte ist, umso höher ist die Selbstwirksamkeitserwartung des Individuums. Das wiederum bedeutet, dass die Person im Allgemeinen die alltäglichen und auch neuen Herausforderungen und Schwierigkeiten bewältigen kann.

1.3 Bearbeitung und Auswertung des Fragebogens

Tab. 2: Auswertung des Fragebogens (eigene Darstellung)

Probanden / Bewertungskriterium	Person 1	Person 2	Person 3	Person 4	Person 5
Auch wenn ich nach der Arbeit müde bin, finde ich Mittel und Wege mich zum Sport zu motivieren.	Stimmt genau (4)	Stimmt genau (4)	Stimmt eher (3)	Stimmt eher (3)	Stimmt kaum (2)
Die konsequente Durchführung meines Trainingsplans gelingt mir immer, wenn ich mich darum bemühe.	Stimmt eher (3)	Stimmt genau (4)	Stimmt eher (3)	Stimmt eher (3)	Stimmt kaum (2)
Es bereitet mir keine Schwierigkeiten, meine sportlichen Ziele zu verwirklichen.	Stimmt kaum (2)	Stimmt eher (3)	Stimmt kaum (2)	Stimmt eher (3)	Stimmt nicht (1)
Während des Trainings weiß ich immer, wie ich mich verhalten muss.	Stimmt eher (3)	Stimmt eher (3)	Stimmt kaum (2)	Stimmt eher (3)	Stimmt kaum (2)
Auch wenn mein Training nicht planmäßig verläuft, versuche ich immer das Beste daraus zu machen.	Stimmt eher (3)	Stimmt eher (3)	Stimmt kaum (2)	Stimmt eher (3)	Stimmt kaum (2)
Schwierigkeiten während des Trainings sehe ich gelassen entgegen, weil ich meinen Fähigkeiten immer vertrauen kann.	Stimmt kaum (2)	Stimmt kaum (2)	Stimmt kaum (2)	Stimmt genau (4)	Stimmt nicht (1)
Was auch immer passiert, ich werde meine sportlichen Ziele verwirklichen können.	Stimmt genau (4)	Stimmt genau (4)	Stimmt eher (3)	Stimmt eher (3)	Stimmt kaum (2)
Für jedes sportliche Problem kann ich eine Lösung finden.	Stimmt eher (3)	Stimmt eher (3)	Stimmt eher (3)	Stimmt eher (3)	Stimmt nicht (1)
Wenn eine neue sportliche Aufgabe auf mich zukommt, weiß ich, wie ich damit umgehen kann.	Stimmt eher (3)	Stimmt eher (3)	Stimmt kaum (2)	Stimmt eher (3)	Stimmt nicht (1)

Probanden / Bewertungskriterium	Person 1	Person 2	Person 3	Person 4	Person 5
Wenn ein sportliches Problem auftaucht, kann ich es aus eigener Kraft meistern.	Stimmt kaum (2)	Stimmt eher (3)	Stimmt kaum (2)	Stimmt eher (3)	Stimmt nicht (1)
Gesamtpunktzahl	29	32	24	31	15

Die befragten Probanden erreichten eine Gesamtpunktzahl zwischen 15 und 32 Punkten von maximal 40 möglichen Punkten. Bei der Auswertung des Fragebogens hat Proband 1 eine Punktzahl von 29 Punkten, Proband 2 eine Punktzahl von 32 Punkten, Proband 3 24 Punkte, Proband 4 31 Punkte und Proband 5 eine Punktzahl von 15 Punkten erreicht. Die erreichte Höchstpunktzahl der zweiten befragten Person lässt schließen, dass sie im Vergleich zu ihren Mitstreitern am besten mit neuauftretenden alltäglichen Anforderungen und Schwierigkeiten zurechtkommt und leichter Motivation sowie positive Einstellungen gegenüber verschiedener Aufgaben mobilisieren kann, da sie eine gut ausgeprägte Selbstwirksamkeitserwartung vorweist. Die Person mit der niedrigsten Punktzahl liegt unter der Hälfte der maximal zu erreichenden Punktzahl, was bedeutet, dass ihre Selbstwirksamkeitserwartung sehr gering ausgeprägt ist. Sie hat Schwierigkeiten mit neuen und unbekannten Situationen umzugehen und kann sich schwieriger motivieren eine unbekannte Aufgabe in Angriff zu nehmen und diese auch zu bewältigen.

1.4 Recherche über die Selbstwirksamkeitserwartung

In der nachfolgenden Tabelle ist die Studie zur Selbstwirksamkeit aus der Dissertation „Selbstwirksamkeit als Indikator für psychische Störungen – Status und Verlauf" von Sabine Ruholl, geb. Grisar, zusammengefasst.

Tab. 3: Studie 1 zur Selbstwirksamkeitserwartung (eigene Darstellung)

Titel und Fragestellung	Selbstwirksamkeit als Indikator für psychische Störungen -Status und Verlauf-
Zielsetzung	Das Ziel ist das Klären, „ob die Selbstwirksamkeit für die Diagnostik und Therapie bei Patienten mit psychosomatischen Störungen hilfreich sein kann" (Ruholl, 2007, S. 35).
Stichprobe	Bei der Untersuchung wurden drei Stichproben durchgeführt. Alle zusammen bildeten ein großes Forschungsprojekt über Kognitionen. Die erste Stichprobe umfasste 602 Patienten, die im Zeitraum 1995-98 ambulant in der psychosomatischen Poliklinik der Universitätsklinik Aachen ihr Erstgespräch führten (Ruholl, 2007, S. 39). Von den 602 Patienten waren 227 männlich (37,7%) und 375 weiblich (62,3%). Die meisten Patienten (193 Personen) waren im Alter zwischen 30 und 40. 127 Personen waren unter 30 Jahre alt, 87 Personen unter 20 Jahre, 106 unter 50 Jahre, 68 Personen unter 60 Jahre und 21 Patienten waren im Alter von 60 und älter. Die häufigsten waren somatoforme Störungen (24,4%), Angststörungen (16,4%), Psychosomatosen und Essstörungen (13,1%) sowie Depressionen (12,3%) (Ruholl, 2007, S. 39). Die zweite Stichprobe bestand aus 98 stationären Patienten, die ebenfalls im Zeitraum von 1995-98 ihr Erstgespräch führten (Ruholl, 2007, S. 39). Von den 98 Patienten waren 45 weiblich und 53 männlich. Jeweils 15 Patienten waren im Alter unter 20 und 30, 25 Patienten unter 40 Jahre, 19 Patienten unter 50 Jahre, 21 Patienten unter 60 und 3 Patienten 60 Jahre und älter. Die meistauftretenden Diagnosen waren Angststörungen (24,5%), somatoforme Störungen (22,4%), Essstörungen (21,4%) und Psychosomatosen (13,3%) (Ruholl, 2007, S. 40). Die dritte Stichprobe umfasste 181 Patienten, die stationär behandelt wurden (Ruholl, 2007, S. 40). 53 Patienten waren unter 20 Jahre alt, 27 Patienten unter 30 Jahre, 43 Patienten unter 40 Jahre, jeweils 28 Patienten unter 50 und 60 Jahre alt und 2 Patienten 60 Jahre alt und älter. Die meisten Diagnosen waren somatoforme Störungen (24,9%), Angststörungen

	(18,2%), Essstörungen (15,5%) und Psychosomatosen (14,4%) (Ruholl, 2007, S. 41).
Untersuchungsdesign	In dieser Studie wurde mit verschiedenen Fragebögen gearbeitet, die eine Aussage über die „Selbstwirksamkeit, körperliche Beschwerden, Depressionen, Angst und interpersonelle Probleme" (Ruholl, 2007, S. 41) lieferten. Folgende Tests wurden durchgeführt: GKE, ASF, GBB, HADS-D und IIP (Ruholl, 2007,
Untersuchungsdesign	S. 41-42). Die Fragebögen wurden vor dem Erstgespräch ausgehändigt. Die Probanden wurden aufgefordert die Fragen selbstständig zu beantworten, um eine objektive Auswertung zu ermöglichen. Die Patientengruppen umfassten ambulante und stationäre Patienten, wobei die ambulanten Patienten nur vor dem Erstgespräch, die stationären Patienten zur Aufnahme und Entlassung und eine Gruppe zusätzlich auch noch vor dem Erstkontakt mit dem Therapeuten die Unterlagen ausfüllten (Ruholl, 2007, S. 42). Weiterhin wurden „ergänzende Informationen aus den Patientenakten entnommen" (Ruholl, 2007, S. 42), wobei die Nebendiagnosen nicht berücksichtigt wurden.
Ergebnis	Die Selbstwirksamkeit ist bei verschiedenen Diagnosen unterschiedlich. Bei den Diagnosen „somatoforme Störungen" und sexuelle Funktionsstörungen ist die Selbstwirksamkeitserwartung höher, während Patienten mit Depression, Angststörungen oder körperliche und interpersonelle Probleme eine niedrigere Selbstwirksamkeitserwartung haben. Daraus folgt, dass es immer ein Ziel sein muss, die Selbstwirksamkeit in der Therapie zu erhöhen (Ruholl, 2007, S. 55).

In der nachfolgenden Tabelle ist aus der Dissertation „Selbstwirksamkeitserwartungen in der Lehrerbildung – Zur Struktur und dem Zusammenhang von Lehrer – Selbstwirksamkeitserwartungen, Pädagogischem Professionswissen und Persönlichkeitseigenschaften bei Lehramtsstudierenden und Lehrkräften" die zweite Studie von Klaudia Schulte zusammengefasst.

Tab. 4: Studie 2 zur Selbstwirksamkeitserwartung (eigene Darstellung)

Titel und Fragestellung	Selbstwirksamkeitserwartungen in der Lehrerbildung – Zur Struktur und dem Zusammenhang von Lehrer-Selbstwirksamkeitserwartungen, Pädagogischem Professionswissen und Persönlichkeitseigenschaften bei Lehramtsstudierenden und Lehrkräften
Zielsetzung	Ziel ist die Untersuchung der Entwicklung multidimensional erfasster Lehrer-Selbstwirksamkeitserwartungen in der Lehrerbildung und der Zusammenhang zwischen der Selbstwirksamkeitserwartung und dem pädagogischen Professionswissen von angehenden Lehrkräften (Schulte, 2008, S. 39).
Zielsetzung	
Stichprobe	An dieser Studie nahmen 257 Personen teilen, davon 95 Männer und 161 Frauen (Schulte, 2008, S. 39).
Untersuchungsdesign	Diese Studie ist eine Querschnittsstudie, die mithilfe eines Fragebogens durchgeführt wurde (Schulte, 2008, S. 46). Es wurden 4 Gruppen gebildet: Gruppe 1: Studienanfänger des 3. Semesters Es nahmen 173 Personen teil, davon 108 Frauen Gruppe 2: Fortgeschrittene Studierende der Semester vier bis sieben Es nahmen 27 Personen teil, davon 23 Frauen) Gruppe 3: Examenskandidaten der Semester sieben bis elf Es nahmen 38 Personen teil, davon 25 Frauen Gruppe 4:Referendare Es nahmen 19 Personen teil, davon 15 Frauen Die erste Gruppe besuchte den Studiengang Bachelor mit Profil Lehramt für Gymnasium während die anderen drei Gruppen das erste Staatsexamen für das Lehramt am Gymnasium anstreben oder schon abgeschlossen haben Es gab keine fächerspezifische Selektion und die Teilnehmer wiesen je nach Gruppenzugehörigkeit unterschiedliche Praxiserfahrungen auf (Schulte, 2008, S. 46).
Ergebnis	Die befragten Referendare haben eine höhere Selbstwirksamkeitserwartung in den Bereichen Unterrichten und Leistungsbeurteilung als die Studienanfänger. Es ergab keine Unter-

schiede zwischen den Referendaren und den Studienanfängern im Bereich der Kommunikation und Konfliktlösung sowie im Bereich Anforderungen des Lehrerberufes (Schulte, 2008, S. 39). „Das pädagogische Professionswissen steigt über das Studium hin zum Referendariat an" (Schulte, 2008, S. 39).

2 Gesundheitspsychologische Handlungsfelder

Als chronische Erkrankungen werden langandauernde, nicht vollständig geheilte, wiederkehrende Krankheiten bezeichnet (Robert Koch-Institut, 2012, S. 1). Diese können über Monate bis Jahre hinweg verlaufen. Man unterscheidet drei Arten chronischer Erkrankungen. Zum Einen gibt es die chronisch-kontinuierlichen Erkrankungen, die auf einem Krankheitsniveau verharren, und zum Anderen die chronisch-progredienten Erkrankungen, deren Symptome im weiteren Verlauf zunehmen. Weiterhin gibt es chronisch-rezidivierende Erkrankungen, bei denen sich Phasen mit und ohne Krankheitssymptome abwechseln. (Steffers & Credner, 2006, S. 10-11)

Chronische Erkrankungen können sowohl angeboren als auch erworben sein (Etschenberg, o. J., S. 9). Zu ihnen zählen Erkrankungen wie koronare Herzerkrankungen, Schlaganfall, Diabetes, Krebs, Atemwegserkrankungen (chronische Bronchitis, COPD, Mukoviszidose u. a.), aber auch Osteoporose, rheumatische Erkrankungen, Muskeldystrophien und Allergien (Robert Koch-Institut, 2012, S. 1).

Folgen chronischer Krankheiten sind negativer Einfluss auf die allgemeine Lebensqualität sowie Einschränkungen hinsichtlich sozialer Kontakte und der Berufswahl. Aber auch eine niedrigere Leistungsfähigkeit im akuten Schub und andere individuell erlebte Defizite fördern das Sinken des Selbstwertgefühls und eine zunehmende Isolation (Etschenberg, o. J., S. 14 - 16).

„Herz-Kreislauf-Erkrankungen, Krebs, Diabetes und Atemwegserkrankungen werden durch vier wichtige Faktoren beeinflusst: Fehlernährung, mangelnde körperliche Aktivität, Tabakkonsum und exzessiver Alkoholkonsum" (Robert Koch-Institut, 2012, S. 1). „Da diese Faktoren gut beeinflussbar sind, ist es möglich, durch Verhaltens- und Verhältnisprävention die Entstehung zu verhindern oder den Schweregrad und den Verlauf positiv zu beeinflussen (Robert Koch-Institut, 2012, S. 1). „Psychologische Maßnahmen können dazu beitragen, die Lebensqualität der Betroffenen zu verbessern und die Behandlung der chronischen Erkrankungen zu optimieren" (Berufsverband Deutscher Psychologinnen und Psychologen e.V., 2012, S. 11). Eine große Rolle „spielen Interventionen, die auf eine Änderung des gesundheitsbezogenen Lebensstil (insbesondere Nikotinverzicht, ausreichende körperliche Bewegung und gesunde Ernährung) gerichtet sind" (Berufsverband Deutscher Psychologinnen und Psychologen e.V., 2012, S. 13). Beispiele für Interventionen sind „klassische Methoden der psychologischen Beratung der Patienten und Angehörigen", Konzepte zur Entspannung und Stressbewältigung (Berufsverband Deutscher Psychologinnen und Psychologen e.V., 2012, S. 13). Es besteht ein „statistisch signifikanter Unterschied zwischen den Geschlechtern" (Robert Koch-Institut, 2012, S. 1), denn während 38% der Männer angeben an einer chronischen Erkrankung zu leiden, waren es bei Frauen 43%. „Der Anteil chronisch Kranker liegt in der jüngsten Altersgruppe unter einem Fünftel aller Befragten. Bei den ab 65-Jährigen geben deutlich mehr als die Hälfte der Männer und Frauen an, mindestens eine chronische Erkrankung zu haben" (Robert Koch-Institut, 2012, S. 1). Daraus lässt sich schlussfolgern, dass mit zunehmendem Alter die Häufigkeit der chronischen Erkrankungen zunimmt. Es wird auch ein Zusammenhang zwischen der Prävalenz und dem Bildungsstand vermutet, nach dem die Befragten aus den unteren Bildungsgruppen häufiger an einer chronischen Krankheit leiden als die Befragten aus den oberen Bildungsgruppen (Robert Koch-Institut, 2012, S. 1). Drei Viertel der Todesfälle sind auf die genannten chronischen Krankheiten zurückzuführen. Dabei sind die häufigsten Todesursachen „ischämische Herzkrankheiten, Krebs der Atmungsorgane und Schlaganfall" (Robert Koch-Institut, 2012, S. 1).

Im nachfolgenden Text wird eine der häufigsten chronischen Atemwegserkrankungen beschrieben.

Asthma bronchiale ist eine chronisch entzündliche Atemwegserkrankung (Robert Koch-Institut, 2009, S. 1).

Das Bronchialsystem reagiert empfindlich auf zahlreiche Reize mit anfallsweise auftretenden Atemwegsobstruktionen (Steffers & Credner, 2006, S. 159). Die entzündlich geschwollene Bronchialwand sowie die vermehrte Produktion eines zähen Sekrets sind ursächlich für die reversible Verengung der Bronchien (Robert Koch-Institut, 2009, S. 1). Das „Leitsymptom ist die anfallsweise auftretende Dyspnoe in Verbindung mit Erstickungsangst" (Steffers & Credner, 2006, S. 160). Weitere Symptome sind eine erschwerte Ausatmung, ein exspiratorisches Atemwegsgeräusch (ein Pfeifen oder Giemen) und ein Hustenreiz mit zähem Auswurf. „Bei einem schweren Asthmaanfall treten Unruhe, Tachypnoe, Tachykardie sowie respiratorische Insuffizienz mit eventueller

Zyanose auf" (Steffers & Credner, 2006, S. 160). Die eben genannten Symptome können zu jeder Tageszeit auftreten.

Komplikationen sind eine Überblähung der Lunge, da durch die Obstruktion die Ausatmung beeinträchtig ist, der Pneumothorax und Sekretatelektasen. Eine besonders schwere Komplikation stellt der Status asthmaticus dar. „Als Status asthmaticus wird ein über Stunden und Tage andauernden Asthmaanfall bezeichnet, der nicht durch Beta-Sympathomimetika zu unterbrechen ist" (Steffers & Credner, 2006, S. 160). Dieser Zustand ist ein lebensbedrohlicher Notfall, der umgehend medizinisch behandelt werden muss. Das Asthma bronchiale wird in vier Schweregrade unterteilt. Der erste Schweregrad wird als der intermittierende Grad bezeichnet. Die Symptome treten hier tagsüber weniger als einmal pro Woche und nachts weniger als zweimal pro Monat auf. Der mild persistierende Schweregrad ist die zweite Stufe, bei der die Symptome seltener als einmal pro Tag und mehr als einmal pro Woche tagsüber und nachts mehr als zweimal pro Monat auftreten. Die dritte Stufe ist der mittelschwer persistierende Schweregrad, bei dem die Symptome tagsüber täglich und nachts mehr als einmal die Woche auftreten. Die letzte und schwerste Stufe ist der schwer persistierende Schweregrad, bei dem die Symptome tagsüber täglich und nachts häufig auftreten. Die Diagnostik erfolgt durch Anamnese, körperliche Untersuchungen, Lungenfunktionsprüfungen, ggf. Allergentestung wie dem Prick-Test und Laboruntersuchungen (Steffers & Credner, 2006, S. 160 – 161).

Die Entstehung dieser Erkrankung kann durch vielfältige Ursachen ausgelöst werden, sodass an dieser Stelle eine Einteilung der Asthmaformen notwendig ist. Man unterscheidet drei Asthmaformen: allergisches Asthma, nichtallergisches Asthma und die Mischform. Das allergische Asthma wird auch als extrinsisches Asthma bezeichnet. Charakteristisch für diese Form ist ein Bezug zwischen einer Allergenexposition und den Symptomen. Schimmelpilze, Tierhaare, Hausstaubmilben und Blütenstaub sind die häufigsten Auslöser eines allergischen Asthmas. Diese Form tritt häufig bei Kindern auf. Das nichtallergische Asthma, auch intrinsische Asthma, „manifestiert sich meist zwischen dem 40. und 50. Lebensjahr mit einem Atemwegsinfekt" (Steffers & Credner, 2006, S. 160). Reize, die einen Asthmaanfall auslösen können, sind unspezifisch. Auslöser können psychischer Stress, Medikamente, körperliche Belastung, Klimaeinflüsse, Umweltschadstoffe oder Infektionen sein (Steffers & Credner, 2006, S. 160).

„Asthma ist eine der häufigsten chronischen Erkrankungen, die bei ca. 10% der kindlichen und 4-5% der erwachsenen Bevölkerung in der Bundesrepublik Deutschland vorkommt" (Buhl et al., 2006, S. 7). Die Prävalenz hat in vielen Ländern zugenommen,

11

„wobei der Anstieg der Asthma-Prävalenz bei Erwachsenen nicht so ausgeprägt ist wie bei Kindern und Jugendlichen ist" (Buhl et al., 2006, S. 7). In den westlichen hochentwickelten Ländern ist die Asthmahäufigkeit höher als in Osteuropa und den Entwicklungs- und Schwellenländern. Neuere Studien zeigen, dass die Asthma-Prävalenz in den westlichen Ländern zum Stillstand kommt (Buhl et al., 2006, S. 7). Die Prävalenz bezogen auf das Alter zeigt einen Abfall der Prävalenzrate bis zum 49. Lebensjahr und einen Anstieg bis zum 60.-69. Lebensjahr (Stephan, 2002, S. 56). Die Sterbeziffer ist in Deutschland von 9,39 im Jahr 1985 auf 6,53 im Jahr 1996 rückläufig geworden (Stephan, 2002, S.41). „Die Asthma-Mortalität in Deutschland hat in den letzten 10 Jahren um etwa ein Drittel abgenommen" (Buhl et al., 2006, S. 7).

Es gibt einige Präventionsprogramme, die auf die Verhaltens- und Verhältnisprävention, in Form von Aufklärungen, abzielen. In der Primärprävention wird beispielsweise das Stillen des Kindes empfohlen, das Aufgeben des Rauchens und die Sensibilisierung zum Thema Tierhaltung. Eine Allergenkarenz und Immuntherapien werden in der Sekundärprävention angeboten sowie die Sensibilisierung zum Thema rauchen. Impfungen, allergen-spezifische Immuntherapien und die sublinguale allergen-spezifische Immuntherapie beinhaltet die Tertiärprävention (Buhl et al., 2006, S. 30-31).

Folglich ergeben sich folgende Konsequenzen für die Beratung eines Klienten mit einer chronischen Erkrankung: Der Berater sollte gleich zu Beginn des Kontakts mit Fingerspitzengefühl arbeiten, d.h. es muss ein hoher Zeitaufwand einberechnet werden und eine optimale Aufklärung stattfinden, um eine gute Vertrauensbasis aufzubauen und somit den Klienten genügend zur Mitarbeit zu motivieren. Die beratende Person sollte möglichst einfühlsam arbeiten und auf Wünsche und Bedürfnisse seines Gegenübers individuell eingehen. Wichtig ist, dass keine Heilversprechen ausgesprochen werden und die Ziele so realistisch wie möglich gesetzt werden, um eine spätere Enttäuschung frühzeitig auszuschließen, oder gar eine Überbelastung des Kunden zu vermeiden.

3   Das Beratungsgespräch

3.1   Beschreibung des Klienten

Tab. 5: Beschreibung des Klienten (eigene Darstellung)

Alter	40 Jahre
Geschlecht	Weiblich
Beruf	Lehrerin
Erkrankungen	Asthma bronchiale
Körpergewicht	70kg
Körpergröße	165cm
BMI	25,7 – leichtes Übergewicht
Sportliche Aktivität (aktuell und früher)	Die Klientin fährt Fahrrad am Wochenende (ca. 10 km insgesamt), außerdem spielt sie Badminton einmal pro Woche.
Zeitlicher Verfügungsrahmen	Die Klientin hat zwei bis dreimal die Woche zwei Stunden Zeit für weitere sportliche Aktivitäten.
Persönliche Ziele	Gewichtsreduktion und Verbesserung der allgemeinen Fitness sowie die daraus resultierende Gesundheitsförderung.
Intention	In letzter Zeit merkt sie, dass sich ihre Fitness verschlechtert. Sie „kommt schneller aus der Puste", was vor Allem beim Fahrradfahren gegen eine Steigung auffällt. Auch das Immunsystem ist in letzter Zeit geschwächt, sodass sie öfter mit kleinen Erkältungen zu kämpfen hat. Außerdem ist sie mit ihrem Gewicht und ihrem Erscheinungsbild unzufrieden. Sie passt nicht mehr in ihr Lieblingskleid, das sie gerne zum Abschlussball ihrer Tochter anziehen würde.
Sonstige Vermerke	Die Klientin ist etwas ängstlich, was neue sportliche Aktivitäten angeht, aufgrund von ihrem Asthma.

3.2 Beschreibung des Beraters

Da jede Person für sich selbst entscheidet, ob sie ihr Verhalten ändern möchte oder nicht oder etwas mehr für die eigene Gesundheit tun möchte, unterstützt der Berater seinen Klienten in erster Linie beim Finden und Erarbeiten eigener individueller Lösungen, zu bestehenden Problemen, sowie neuer Verhaltensmuster, die in den Alltag umgesetzt werden sollen (Pieter, 2014, S. 228 – 229, 265). Dies kann durch fachgerechte Informationen, kompetente Beratung und Handlungsunterstützung durch den Berater unterstützt werden (Pieter, 2014, S. 265). Es werden keine direkten Lösungsvorschläge angeboten, um die Fähigkeiten, Kenntnisse und Ressourcen des Kunden zu stärken und weiter auszubauen. Wahrnehmung, Erleben und Verhalten werden im Laufe des Beratungsprozesses verbessert, sodass der Kunde im Idealfall seine Probleme selbst lösen und sich seine Ziele klar setzen kann. In diesem Zusammenhang werden Selbstverantwortung und Selbstregulation geschult (Pieter, 2014, S. 228 - 229). Der Berater dient als Begleiter und schafft Bedingungen und Herausforderungen, die dem Kunden eine optimale Zielerreichung ermöglichen (Pieter, 2014, S. 265). Ein kompetenter Berater führt das Gespräch so, dass sein Klient selbst einen Weg und eine Lösung zur Realisierung der persönlichen Gesundheitsziele findet. Dies bedeutet, dass viele Fragen gestellt werden und nicht angeleitet wird, Ideen des Kunden angenommen und ausprobiert werden, aber auch lebensnahe Hilfestellungen dargestellt werden (Pieter, 2014, S. 265-266). Wichtig ist auch eine an den Kunden angepasste Sprache. Lob sollte, auch für kleine Erfolge, ausgesprochen werden, um den Klienten zum Weitermachen zu motivieren. Ebenfalls ist zu beachten, dass nicht nur die verbale Ebene in der Kommunikation wahrgenommen wird, sondern auch die nonverbale und paraverbale Ebene. Sind alle drei Ebenen im Einklang und stimmig, sind das die besten Voraussetzungen für ein erfolgreiches Beratungsgespräch und eine gute Beziehungsebene (Pieter, 2014, S. 266-267).

Um eine positive Beziehungsebene aufzubauen, ist es von großer Bedeutung Namen zu kennen, sowohl der Berater den Namen des Kunden als auch der Klient den Namen des Beraters. Das bedeutet, dass der Berater sich beim Erstkontakt namentlich vorstellt und seine Aufgabe im Betrieb benennt. Ein freundliches Lächeln sowie der Blickkontakt dürfen ebenfalls nicht fehlen, um dem Gegenüber sympathisch zu sein, da das erste Erscheinungsbild auch für den weiteren Verlauf der Kunden-Berater-Beziehung von großer Bedeutung ist (Pieter, 2014, S. 268). Der Klient sollte sich wohl fühlen und das Gefühl haben individuell betreut zu werden.

Um die individuelle Betreuung gewährleisten zu können, bedarf es einiger Vorbereitungen seitens des Beraters. Zum einen sollte der Coach mental vorbereitet sein, das bedeutet, dass er sich auf das Gespräch und die auf ihn zukommende Situation vorbereitet. Er sollte sich selbst in seiner „Rolle" wohl fühlen und Spaß an der Arbeit haben sowie auch überzeugt von dem sein, was er macht. Diese mentale Vorbereitung bietet eine innere Sicherheit, die auch den Kunden beeinflusst. Außerdem bedarf es noch einer organisatorischen Vorbereitung, im Sinne des Zurechtlegens des benötigten Materials und bereits vorhandene Informationen über den Klienten. Nicht zu unterschätzen ist auch das Zeitmanagement. Die Zeit sollte ausreichend eingeplant werden, um ein ruhiges Gespräch mit dem Kunden führen zu können (Pieter, 2014, S. 267).

3.3 Einordnung des Klienten in eine Stufe der Verhaltensänderung

Der Klient befindet sich in der Phase der Intentions- und Zielbildung. Nach dem Transtheoretischen Modell, hat der Kunde die erste Stufe, die Absichtslosigkeit, abgeschlossen und befindet sich in der zweiten Stufe, der Absichtsbildung. Während in der ersten Stufe noch keinerlei Intentionen der Verhaltensänderung vorgenommen werden, werden in der zweiten Stufe Vor- und Nachteile abgewogen. Das Problem wird bewusst und der Klient setzt sich mit seinem Risikoverhalten auseinander, kann sich jedoch noch nicht zur Handlung entschließen. Der Betroffene äußert allerdings die Absicht, sein Verhalten in den nächsten sechs Monaten zu ändern (Pieter, 2014, S. 240-241). Ziel dieser Phase ist das Überschreiten des Rubikons und die Erarbeitung eines handlungswirksamen Ziels (Pieter, 2014, S. 277).

Im Beratungsgespräch soll, wenn noch nicht vorhanden, ein Problembewusstsein geschaffen werden und eine für den Kunden schlüssige Überzeugung, im Bezug auf die Notwendigkeit der Änderung seiner Verhaltensweise, erarbeitet werden, mit der er sich selbst identifizieren kann. Der Klient sollte im Optimalfall durch seine neu gewonnenen Erkenntnisse so motiviert werden, dass er das Gefühl hat, dass seine selbst festgesetzten Ziele in Reichweite kommen und er seinen individuellen Handlungsplan umsetzen kann (Pieter, 2014, S.278).

In der nachfolgenden Stufe, der Vorbereitung, wird der Entschluss einer Zielsetzung und die dazugehörigen Maßnahmen gefasst (Pieter, 2014, S. 241). Ziel dieser Phase ist die „Entwicklung von konkreten Handlungsstrategien und Strategien diese auch umzusetzen" sowie eine „Erhöhung der Selbstwirksamkeit" (Pieter, 2014, S. 277). Die anschließende Stufe der Handlung beschreibt die aktiven Versuche, Verhaltensmuster zu ändern und diese auch zu stabilisieren. Da diese Phase einen hohen Aufwand bedeutet, ist das Risiko für Rückfälle in alte Verhaltensmuster hoch. Wenn diese Stufe erfolgreich absolviert wurde, erreicht die Person die Stufe der Aufrechterhaltung, in der die neuerworbenen Verhaltensweisen weiter verfestigt werden (Pieter, 2014, S. 242).

3.4 Darstellung des Gesprächsverlaufs

Nachdem der Klient freundlich empfangen, begrüßt und in das Beratungszimmer geleitet wurde, stellt sich der Berater noch einmal namentlich vor und teilt seine Aufgaben im Betrieb mit, um eine erste Vertrauensbasis herzustellen. Anschließend beginnt er das Gespräch mit offenen Fragen wie: „Was ist der Anlass Ihres Besuchs bei uns? Welchen Grund gab es für Sie einen Termin mit uns zu vereinbaren?", um die Beweggründe zu identifizieren. So erfährt er, dass Frau Meier bei der letzten Fahrrad-Tour bemerkte, dass sie „schneller aus der Puste als sonst " kommt und das Lieblingskleid, das sie in 3 Monaten zum Abschlussball ihrer Tochter tragen wollte nicht mehr passt. Auf die Frage: „Was wollen sie konkret ändern?" (Pieter, 2014, S. 277), antwortet sie mit: „Ich will den Bauchumfang reduzieren und natürlich auch das Gewicht." „Gibt es Erkrankungen, die wir in Verbindung mit Ihrer klaren Aussage berücksichtigen müssen? Und wenn ja, welche sind es?" Diese Frage bejaht die Klientin und erzählt von ihrem leichten Asthma, dass Ihr in letzter Zeit immer mehr zu schaffen macht, zumal sie auch öfter als sonst erkältet ist."

Um ein Problembewusstsein zu schaffen wird eine Aufklärung durch Fragestellungen wie „Wie wird sich Ihre Situation weiterentwickeln, wenn alles so bleibt, wie es gerade ist?" (Pieter, 2014, S. 277) vorgenommen. Die Kundin antwortet mit: „Außer, dass ich mich körperlich nicht in die Richtung entwickeln werde, die mir lieb ist, befürchte ich, dass sich meine Kondition verschlechtert und natürlich auch mein Gesundheitszustand, Asthma habe ich ja schon." Um sich ein Bild über den Schweregrad des Asthmas zu machen, erfragt der Berater die Häufigkeit der Asthmaanfälle. Die Klientin erzählt, dass es eine leichte Stufe ist, jedoch hatte sie schon einmal weniger Probleme, als sie öfter Sport getrieben hat.

„Könnten Sie beschreiben, in wie weit Ihnen der Sport damals einen Nutzen brachte?", mit dieser Frage wird durch die Ressourcennutzung die Intentionsbildung unterstützt. Die Kundin erzählt, dass sie viel Spaß an sportlichen Aktivitäten hatte und sie das Gefühl hatte, dass die Ausdauer verbessert wurde. Auf die Frage, wie sie es in der Vergangenheit schaffte sich zum Sport zu motivieren, antwortet sie, dass sie sich mit ihren Freundinnen zum Sport verabredet hatte, dies allerdings nicht mehr möglich sei, aufgrund von zu langen Anfahrtszeiten durch den Umzug in eine ruhigere Gegend bedingt.

Um herauszufinden welche sozialen Unterstützungen bei der Intentionsbildung vorhanden sind, sind Fragen, wie „Wer kann Sie bei Ihrem Vorhaben unterstützen und wie?" (Pieter, 2014, S. 277), möglich. Sie berichtet, dass ihre 15-Jährige Tochter bereit ist mit ihr zusammen Sport zu treiben. Auch ihr Mann ist einverstanden sie in ihren Vorhaben zu unterstützen und sogar mehr familiäre sportliche Aktivitäten vorgeschlagen hat.

Eine Kosten-Nutzen-Abwägung ist beispielsweise mit der Kosten-Nutzen-Waage möglich in Form von folgender Fragestellung: „Was können Sie für sich gewinnen, wenn Sie Ihr Verhalten ändern? Und welche Schwierigkeiten sehen Sie?" (Pieter, 2014, S. 277). Frau Meier antwortet, dass sie durch den Sport auch den beruflichen Stress abbauen will, damit der „Haussegen an nicht so guten Arbeitstagen nicht mehr schief hängt". Außerdem fühlt sie sich im geistigen Jung, jedoch passt das Äußere nicht zum eigenen jungen Vorstellungsbild und vor Allem auch nicht die Tatsache, dass sie keine Ausdauer mehr hat. Schön wäre es auch, wenn die Häufigkeit der Erkältungen zurückgehen würde. Schwierigkeiten könnten während der Feiertage entstehen, denn da gibt es nicht allzu viel Zeit für außerfamiliäre Aktivitäten ohne Oma und Opa, aufgrund von festen Traditionen. Auch wisse sie noch nicht, wie gut sie sich motivieren kann, wenn der Arbeitstag zu stressig war. Die Person kann sich die erarbeiteten Items an dieser Stelle aufschreiben, um einen visuellen Überblick zu erhalten und eine bessere Bewertung ihrer Ausgangssituation zu erhalten.

Im Anschluss kommt es zur Überleitung des Gesprächs hin zur Zielerarbeitung. Dabei wird das SMART-Modell verwendet, welches hilft wirksame Ziele zu formulieren. Es muss bei der Zielformulierung darauf geachtet werden, dass sie möglichst spezifisch, konkret und in der Gegenwart formuliert werden. Sie müssen messbar sein, in dem man zum Beispiel eine Zeitvorgabe festlegt und zugleich attraktiv für die Person sein und sie sollten so gesetzt werden, dass sie realistisch sind (Pieter, 2014, S. 282-283). Durch die Frage „Was genau möchten Sie erreichen?" und „In welcher Zeit möchten Sie es erreichen?" (Pieter, 2014, S. 277) hat die Klientin die Möglichkeit über die genaue Zielstellung nachzudenken.

Im Anschluss werden die Ziele festgehalten und es wird über mögliche Handlungspläne beraten.

3.5 Kritische Reflektion des Gesprächs

Dem Berater ist es gelungen Informationen über den Klienten herauszufinden, in dem offene Fragen gestellt wurden und aktiv zugehört wurde. Es wurde versucht einen roten Faden zu behalten und nicht durcheinander Fragen zu stellen. Auf die Probleme, die sich im Verlauf des Gesprächs ergaben, wie zum Beispiel die Frage nach der sozialen Unterstützung, nachdem die Kundin äußerte, dass sie früher Sport mit ihren Freundinnen getrieben hat, wurde ebenfalls eingegangen. Er gab auch keine Lösungsvorschläge vor.

Es wäre besser gewesen bereits am Anfang des Gesprächs Fragen zur Anamnese, dem Beruf und auch den Hobbys zu stellen, um ein genaueres Bild von der Kundin zu erhalten. Auch wäre es von Vorteil zu erfragen, wie gut sie mit ihrer Erkrankung im Alltag zurecht kommt und ob es durch die vorhandene Erkrankungen schon einmal Schwierigkeiten gegeben hat, sodass potenzielle Ängste gegeben falls im Vorfeld zu Vorschein kommen und geklärt werden kann, wie man mit ihnen umgeht. Mehrere unterschiedliche Fragen hintereinander können auf den Klienten verwirrend wirken und er wird deshalb nur auf die zuletzt gestellte antworten. Dies kann auch die Gesprächsanteile verändern. Sodass der Berater mehr spricht als er sollte. Ein für die Beratung optimaler Gesprächsanteil liegt bei 80% Redeanteil des Kunden und 20% Redeanteil des Beraters.

Die Redeanteile sollten unbedingt eingehalten werden und alle für den Berater wichtigen Informationen sollten frühzeitig erfragt werden. Wichtig ist, dass der Klient selbst all seine Erkenntnisse über seinen aktuelle Zustand und die potenziellen Folgen gewinnt und seine (Teil-) Ziele formuliert sowie sich Gedanken über den Weg zum Erreichen des Ziels macht. Denn nur so kann man sicher sein, dass der Kunde tatsächlich verstanden hat, wieso er unbedingt jetzt sein Verhalten ändern muss und nicht länger warten sollte, und die nötige individuelle Motivation vorhanden ist, sodass das Ziel ohne Rückfälle angesteuert und erreicht werden kann.

4 Literaturverzeichnis

Buhl, R., Berdel, D., Criée, C.-P., Gillissen, A., Kardos, P., Kroegel, C. et al. (2006). *Leitlinie zur Diagnostik und Therapie von Patienten mit Asthma.* Zugriff am 01.04.2015 unter http://www.atemwegsliga.de/ tl_files/eigene-dateien/asthma/asthmaleitlinie.pdf

Berufsverband Deutscher Psychologinnen und Psychologen e.V. (2012). *Die großen Volkskrankheiten.* Zugriff am 01.04.2015 unter http://www.bdp-verband.org/ aktuell/2012/bericht/BDP-Bericht-2012.pdf

Etschenberg, K. (o. J.). *Chronische Erkrankungen als Problem und Thema in Schule und Unterricht.* Zugriff am 01.04.2015 unter http://www.bzga.de/botmed_20400000.html

Pieter, A. (2014). *Studienbrief Psychologie des Gesundheitsverhaltens.* Unveröffentlichtes Studienmaterial. Saarbrücken: Deutsche Hochschule für Prävention und Gesundheitsmanagement.

Robert Koch-Institut. (2009). *GEDA 2009 Prävalenz von Asthma bronchiale.* Zugriff am 01.04.2015 unter https://www.rki.de/DE/Content/Gesundheitsmonitoring/ Gesundheitsberichterstattung/GBEDownloadsB/Geda09/ Asthma_bronchiale.pdf?__blob=publicationFile

Robert Koch-Institut. (2012). *Faktenblatt zu GEDA 2012: Ergebnisse der Studie "Gesudheit in Deutschland aktuell 2012".* Zugriff am 01.04.2015 unter http://www.rki.de/DE/Content/Gesundheitsmonitoring/Gesundheitsberichterstattung/ GBEDownloadsF/Geda2012/chronisches_kranksein.pdf?__blob=publicationFile

Ruholl, S. (2007). *Selbstwirksamkeit als Indikator für psychische Störungen -Status und Verlauf-.* Zugriff am 01.04.2015 unter darwin.bth.rwth-aachen.de/ opus3/volltexte/2008/2243/pdf/Ruholl_Sabine.pdf

Schulte, K. (2008). *Selbstwirksamkeitserwartungen in der Lehrerbildung – Zur Struktur und dem Zusammenhang von Lehrer-Selbstwirksamkeitserwartungen, Pädagogischem Professionswissen und Persönlichkeitseigenschaften bei Lehramtsstudierenden und Lehrkräften.* Zugriff am 01.04.2015 unter https://www.deutsche-digitale-bibliothek.de/ binary/SFWBUP6Z2R7DPPGGU3WI4IFNBDUHHS3Z/full/1.pdf

Schwarzer, R. & Jerusalem, M. (1999). Skalen zur Erfassung von Lehrer- und Schüler-merkmalen. Dokumentation der psychometrischen Verfahren im Rahmen der Wissenschaftlichen Begleitung des Modellversuchs Selbstwirksame Schulen. Freie Universität Berlin. Zugriff am 01.04.2015. Verfügbar unter http://userpage.

fu-berlin.de/~health/self/skalendoku_selbstwirksame_schulen.pdf

Steffers, G., & Credner, S. (2006). *Allgemeine Krankheitslehre und Innere Medizin für Physiotherapeuten.* Stuttgart: Georg Thieme.

Stephan, J.-A. (2002). *Gibt es eine erhöhte Asthma-Mortalität?* Zugriff am 01.04.2015 unter http://edoc.hu-berlin.de/dissertationen/

stephan-jens-armin-2002-03-12/PDF/Stephan.pdf

5 Tabellenverzeichnis